Mon animal

Les chatons

Niki Walker et Bobbie Kalman

Photographies de Marc Crabtree

Traduction : Marie-Josée Brière

Les chatons est la traduction de *Kittens* de Niki Walker et Bobbie Kalman (ISBN 978-0-7787-1782-9).
© 2004, Crabtree Publishing Company, 612, Welland Ave., St. Catharines, Ontario, Canada L2M 5V6

Catalogage avant publication de Bibliothèque et Archives nationales du Québec et Bibliothèque et Archives Canada

Walker, Niki, 1972-

    Les chatons

    (Mon animal)
    Traduction de : Kittens.
    Comprend un index.
    Pour les jeunes de 6 à 10 ans.

    ISBN 978-2-89579-325-0

1. Chatons (Mammifères) - Ouvrages pour la jeunesse. I. Kalman, Bobbie, 1947- . II. Crabtree, Marc. III. Titre.

SF445.7.W3614 2010   j636.8'07   C2010-940696-6

Recherche de photos
Crystal Foxton

Conseiller
Dr Michael A. Dutton, D.M.V., D.A.B.V.P., Hôpital vétérinaire de Weare
www.weareanimalhospital.com

Remerciements particuliers à
Jeremy Payne, Dave Payne, Shelbi Setikas, Bailee Setikas, Arunas Setikas, Sheri Setikas, Gloria Nesbitt, Lateesha Warner, Connie Warner, Kathy Middleton, Jenn Randall et Bonsai, Vanessa Diodatti, Mike Cipryk et PETLAND

Photos
John Daniels/ardea.com : page 8
© CORBIS/MAGMA : page 14 (en haut)
Marc Crabtree : page couverture, pages 3, 5 (en haut), 12, 13, 14 (en bas), 15, 16, 17 (en haut et en bas), 18, 19, 20, 21 22, 23, 24, 25, 29, 30, 31
Siede Preis/Getty Images : page 6
© Superstock : pages 9 (au milieu) et 26
Autres images : PhotoDisc, Digital Stock et Comstock

Illustrations
Margaret Amy Reiach : pages 17 et 27

Dédicace de Marc Crabtree
À Natalie et Niki Noseworthy, qui adorent les animaux !

Nous reconnaissons l'aide financière du gouvernement du Canada par l'entremise du Programme d'aide au développement de l'industrie de l'édition (PADIÉ) pour nos activités d'édition.

Conseil des Arts   **Canada Council**
du Canada   **for the Arts**

Bayard Canada Livres inc. remercie le Conseil des Arts du Canada du soutien accordé à son programme d'édition dans le cadre du Programme des subventions globales aux éditeurs.

Cet ouvrage a été publié avec le soutien de la SODEC.
Gouvernement du Québec – Programme de crédit d'impôt pour l'édition de livres – Gestion SODEC.

Dépôt légal –
Bibliothèque et Archives nationales du Québec, 2010
Bibliothèque et Archives Canada, 2010

Direction : Andrée-Anne Gratton
Graphisme : Mardigrafe
Traduction : Marie-Josée Brière
Révision : Johanne Champagne

© Bayard Canada Livres inc., 2010
4475, rue Frontenac
Montréal (Québec)
Canada H2H 2S2
Téléphone : 514 844-2111 ou 1 866 844-2111
Télécopieur : 514 278-0072
Courriel : **edition@bayardcanada.com**
Site Internet : **www.bayardlivres.ca**

Imprimé au Canada

Table des matières

Qu'est-ce qu'un chaton ?

Les chatons sont de jeunes chats. Les chats sont des mammifères. Tous les mammifères ont une colonne vertébrale, et leur corps est généralement couvert de poils ou de fourrure. Les bébés mammifères boivent le lait de leur mère.

Le corps du chaton

oreille

œil

moustaches, ou vibrisses

nez

queue

patte

Les félins

Les chats domestiques sont apparentés aux lions, aux tigres, aux léopards et aux autres félins sauvages. Ces félins sont des prédateurs : ils chassent d'autres animaux pour se nourrir. Ils ne vivent pas avec des humains. Les chats domestiques leur ressemblent, mais ils ne sont pas sauvages. Ils vivent avec leurs propriétaires, qui les nourrissent et s'occupent d'eux avec beaucoup d'amour !

Comme tous les félins, les chats domestiques sont habiles pour sauter, grimper et courir.

Est-ce un bon choix pour toi?

Les chats sont mignons, intelligents et affectueux. Ils sont souvent très enjoués et aiment bien s'amuser avec les humains. Mais ils sont contents aussi de rester seuls. Ce sont donc des animaux parfaits pour les gens qui sont absents toute la journée.

Prendre soin d'un chaton

Les chatons ont besoin des humains, non seulement pour avoir de la nourriture et de l'eau, mais aussi pour recevoir de l'amour et de l'attention. Tu devras avoir l'aide d'un adulte pour t'occuper de ton chaton ou de ton chat.

Seras-tu capable de bien t'occuper d'un chaton?

Réfléchis bien !

Les questions qui suivent pourront vous aider, toi et ta famille, à décider si vous êtes prêts à adopter un chaton.

🐾 Vas-tu nettoyer chaque jour la litière de ton chaton ?

🐾 Pourras-tu passer une demi-heure chaque jour à jouer avec lui ?

🐾 La plupart des chats vivent de dix à vingt ans. Pourras-tu prendre soin du tien pendant toutes ces années ?

🐾 Y a-t-il des gens **allergiques** aux chats dans ta famille ?

🐾 Sais-tu combien ça coûte, avoir un chat ? Ta famille pourrait devoir débourser environ 350 $ par année, et peut-être plus si le chat a besoin de soins particuliers.

Tout plein de races !

Il existe une centaine de races, ou sortes, de chats domestiques. Les animaux d'une même race se ressemblent et possèdent les mêmes **traits**. Les chats de race pure ont des parents et des grands-parents de la même race qu'eux. Ils coûtent souvent assez cher. Ceux de certaines races sont plus affectueux et plus enjoués que d'autres. Voici des chats de quelques-unes des races les plus populaires.

Les chats persans ont de longs poils, de petites oreilles et une face aplatie. Ils sont très affectueux.

Les chats siamois sont très intelligents. Ils sont longs et minces, et ils ont de grandes oreilles pointues.

Les chats Maine Coon sont gros et robustes. Ils sont enjoués, même quand ils sont âgés.

Beaux mélanges !

Beaucoup de chats sont de races mélangées, ce qui veut dire que leurs parents sont de races différentes. Ces chats sont tout aussi affectueux que les chats de race pure. Souvent, ils sont même en meilleure santé.

Le choix d'un chaton

Tu peux te procurer un chaton à différents endroits. Tu peux aller par exemple dans un **refuge pour animaux**, ou encore dans une animalerie ou chez un **éleveur**. Mais assure-toi d'abord que l'éleveur ou les gens de l'animalerie s'occupent bien de leurs animaux.

Demande à ta famille et à tes amis s'ils connaissent des gens prêts à donner des chatons.

Comment choisir?

Si tu décides d'adopter un chaton, prends ton temps pour le choisir! Demande à le prendre. Est-ce qu'il a l'air content d'être avec toi? Assure-toi qu'il est affectueux et en santé. Vérifie si:

- sa fourrure est douce et soyeuse;

- ses oreilles sont propres;

- ses yeux sont clairs et brillants, sans croûtes dans les coins;

- son nez est doux et humide, il est frais au toucher, il ne coule pas et il n'est pas croûté;

- sa bouche et ses mâchoires sont roses;

- son derrière est propre;

- il est curieux, enjoué et affectueux.

Les préparatifs

Avant de ramener ton nouvel animal de compagnie à la maison, tu dois te préparer à l'accueillir. Tu peux acheter divers objets qui t'aideront à t'occuper de ton chaton. Voici ce dont tu auras besoin.

Il est préférable de mettre ton chaton dans une cage pour le transporter.

Ton chaton devrait toujours porter un collier avec un médaillon sur lequel est indiqué ton numéro de téléphone.

Tu devras installer un bac rempli de litière propre.

Certains bacs à litière sont munis d'un couvercle.

brosse à poils souples

brosse métallique

Il te faudra une brosse pour que ton chaton soit beau et qu'il se sente bien.

Un poteau à griffer aidera à garder les griffes de ton chat en bon état.

Ton chaton aura besoin de ses propres bols pour boire et pour manger.

Ton chaton aimera sans doute avoir son propre lit douillet.

Bienvenue chez nous !

À leur naissance, les chatons sont tout petits et démunis. Ils doivent rester avec leur mère jusqu'à l'âge de huit semaines. Il ne faut pas rapporter un chaton chez toi avant qu'il soit assez vieux pour se passer de sa mère. Autrement, il pourrait avoir des problèmes de croissance.

La mère chatte nourrit ses chatons avec son lait.

Dans sa cachette

Il se pourrait que ton chaton aille se cacher à son arrivée chez toi. Ne l'oblige pas à sortir de sa cachette. Il sortira quand il sera prêt.

Une période importante

Les premières semaines avec ton chaton sont importantes. Si tu le traites bien, ton animal apprendra à t'aimer et à te faire confiance. Il faut aussi le laisser dormir quand il est fatigué.

Manipuler avec soin !

Vas-y doucement avec ton chaton ! Il faut toujours le prendre à deux mains. D'abord, place une main sous ses pattes avant et l'autre sous son derrière. Ensuite, tu pourras le soulever doucement. S'il essaie de se dégager, dépose-le délicatement.

Attention de ne pas serrer ton chaton trop fort !

L'alimentation de ton chaton

Les chatons doivent manger différentes choses pour être en bonne santé. La plupart des aliments préparés contiennent tous les **nutriments** dont ils ont besoin. Il est important d'acheter des aliments spécialement conçus pour l'âge de ton animal, parce que ses besoins en éléments nutritifs varient selon les étapes de sa vie.

Qu'est-ce qu'on mange ?

Si tu sais ce que ton chaton mangeait avant de venir vivre chez toi, il vaut mieux ne rien changer à son alimentation. Essaie de t'en tenir toujours à la même marque d'aliments. L'étiquette t'indiquera les quantités à donner chaque jour à ton animal.

Les aliments secs sont bons pour les dents de ton chat. Ils peuvent rester toute la journée dans son bol.

Ne laisse pas d'aliments en conserve dans un bol pendant plus d'une heure.

Les aliments semi-humides sont parfois moins bons pour la santé que les aliments secs ou en conserve.

À ne pas mettre au menu !

Fais très attention à ce que tu donnes à manger à ton chaton ! Certains aliments pourraient le rendre malade.

- Ne lui donne jamais de nourriture pour chiens.

- À l'occasion, tu peux lui donner des petits morceaux de viande cuite. Mais jamais d'os !

- S'il mange des **produits laitiers**, comme du lait ou de la crème glacée, ton chaton pourrait avoir mal à l'estomac.

- Ne lui donne jamais des œufs crus ou de la viande crue !

- Ton chaton sera très malade s'il mange du chocolat.

À boire et à manger

Il faut nourrir ton chaton quatre fois par jour. Quand il sera adulte, deux fois par jour suffiront. Assure-toi que ton animal a toujours de l'eau fraîche dans son bol. Rince son bol et remplis-le au moins deux fois par jour.

Essaie de nourrir ton chaton à la même heure tous les jours.

Le bac à litière

Il n'est pas difficile d'apprendre à ton chaton à faire ses besoins dans son bac à litière. Si sa mère lui a donné l'exemple, il sait probablement déjà ce qu'il doit faire.

Quelques conseils

Voici quelques conseils qui aideront ton chaton à apprendre à se servir de son bac à litière.

- Sers-toi du type de litière que ton chaton utilisait avant son arrivée chez toi.

- Dépose ton chaton dans son bac à litière après chaque repas.

- Si ton chaton fait ses besoins ailleurs, il ne faut pas le punir. Dépose-le doucement dans son bac pour lui montrer où aller la prochaine fois.

Avec un peu de patience, tu apprendras facilement à ton chaton à aller dans son bac à litière.

Une litière propre

C'est à toi de garder le bac à litière propre. Si tu ne le fais pas, ton chaton pourrait être malade. Il pourrait aussi décider d'utiliser un autre coin de ta maison comme toilettes!

À la pelle!

Avec une pelle, ramasse les excréments de ton chaton tous les jours. Une fois par semaine, jette toute la litière à la poubelle. Nettoie le bac avec de l'eau chaude savonneuse, assèche-le et remplis-le de litière propre. Et n'oublie pas de te laver les mains soigneusement chaque fois que tu ramasses des excréments et que tu nettoies le bac à litière!

Demande à un adulte de t'aider à verser la litière dans le bac si le contenant ou le sac est trop lourd.

La toilette de ton chaton

Ton chaton va passer beaucoup de temps à faire sa toilette. Il va lécher sa fourrure, ronger ses griffes et se frotter la face avec ses pattes. Mais il aura quand même besoin de ton aide. En faisant la toilette de ton chaton, tu l'aideras à rester propre et en santé. Et tu te sentiras plus proche de lui.

Comment faire ?

Si tu brosses régulièrement ton chaton, sa fourrure restera douce et lustrée.

- Passe doucement la brosse tout le long de son corps, pour lisser sa fourrure de la tête à la queue.

- Si ton chaton a de longs poils, brosse-le chaque jour avec une brosse métallique. S'il a des poils courts, brosse-le une fois par semaine avec une brosse à poils souples.

- Observe bien la peau de ton chaton quand tu fais sa toilette. Vérifie s'il a des égratignures, des coupures ou des **puces**.

D'autres conseils

- Si ton chaton a le nez, les yeux ou les oreilles sales, nettoie-les doucement avec un tampon d'ouate trempé dans l'eau tiède.

- Il ne faut jamais couper les moustaches de ton chaton ! Il en a besoin pour se diriger.

- Demande au vétérinaire de vous montrer, à toi et à ta famille, comment tailler correctement les griffes de ton chaton.

Les vétérinaires sont des médecins qui soignent les animaux. Ton vétérinaire t'aidera à garder ton chaton en santé.

Des dents propres

Trois fois par semaine, brosse les dents de ton chaton avec une brosse à dents et un dentifrice faits pour les chats. Tu peux aussi lui donner des gâteries conçues spécialement pour qu'il se nettoie les dents tout en mâchant.

Le dressage

Tu peux dresser ton chaton pour lui apprendre comment se comporter. Tu dois aussi lui montrer qu'il y a des choses qui ne sont pas permises, par exemple sauter sur les comptoirs, griffer les meubles, et mordre les doigts et les orteils des gens. Plus ton chaton est jeune, plus il sera facile de le dresser.

Félicitations et réprimandes

Ton propre comportement aidera ton chaton à comprendre ce que tu attends de lui.

- Il faut toujours féliciter ton chaton et le récompenser quand il fait bien quelque chose.

- Tu ne dois jamais frapper ton chaton ou crier après lui ! Tu lui apprendrais à avoir peur de toi.

- Quand ton chaton fait une chose qu'il n'aurait pas dû faire, tu peux le disputer d'une voix sévère ou sifflante, ou encore l'asperger avec une bouteille d'eau.

Ici, minou !

Une des choses les plus faciles à montrer à ton chaton, c'est de venir quand tu l'appelles. Tu n'as qu'à suivre les étapes indiquées ici… et à t'armer de patience. Tu peux aussi suivre ces étapes pour apprendre d'autres choses à ton chat.

Présente une gâterie à ton chaton en l'appelant par son nom.

Quand ton chaton vient voir ce que tu as dans la main, félicite-le et donne-lui tout de suite sa gâterie.

Patience !

Répète cette activité deux ou trois fois par jour. Bientôt, ton chaton viendra te voir dès qu'il entendra son nom. N'oublie pas de le flatter et de le féliciter à chaque fois.

L'heure de jouer

Les chatons adorent jouer! Les chats adultes sont plus calmes, mais il leur faut quand même beaucoup d'activité. Les jeux sont particulièrement importants pour les chats qui restent à l'intérieur. C'est leur façon de faire de l'exercice. Ton chaton a besoin d'exercice pour être en bonne santé. Essaie de passer au moins une demi-heure par jour à jouer avec lui. Voici quelques jouets populaires – et sans danger – qu'il aimera sûrement.

Les chatons aiment bien faire bouger les jouets sur ressorts!

Jeux et jouets

Choisis des jouets sécuritaires et amusants pour ton chaton. Tu peux lui en proposer de différentes sortes jusqu'à ce qu'il trouve celui qu'il préfère. Ton chaton aimera sans doute aussi l'**herbe-aux-chats**. C'est une plante qui attire les chats et qui les excite.

Ton chaton aimera peut-être jouer avec une souris en peluche ou une balle avec un grelot à l'intérieur.

Qu'est-ce qu'il dit ?

Tous les chatons ont leur propre façon de communiquer, c'est-à-dire d'envoyer des messages aux humains et aux autres animaux. Ils peuvent par exemple miauler ou cracher. Ils se servent aussi du **langage corporel** pour exprimer comment ils se sentent.

Miaou !

Les chats miaulent pour diverses raisons. Ils miaulent très fort, par exemple, quand ils ne se sentent pas en sécurité. Ton chaton peut miauler aussi quand il a faim ou qu'il veut de l'attention. Tu reconnaîtras bientôt ses différents miaulements.

Le langage corporel

Pour savoir comment ton chaton se sent, observe sa fourrure, sa queue et ses oreilles. Si ton chaton est content, sa fourrure sera lisse, sa queue sera bien haute, et ses oreilles pointeront vers l'avant. S'il a peur, sa fourrure sera hérissée, et il aura la queue basse et les oreilles aplaties sur la tête. Et, s'il est en colère, il pourrait gonfler sa fourrure, agiter la queue et ramener ses oreilles vers l'arrière.

Un chat content a la queue dans les airs et les oreilles pointées vers l'avant.

Un chat qui a très peur se couche par terre, les oreilles et la queue collées contre son corps.

Un chat en colère a la fourrure hérissée, ce qui le fait paraître plus gros aux yeux des autres animaux.

Des chats en sécurité

Les chats sont beaucoup plus en sécurité s'ils restent à l'intérieur. Ainsi, ils n'attrapent pas de maladies et ne se battent pas avec d'autres chats. Et ils ne risquent pas de se perdre, de rester pris dans un arbre ou de se faire frapper par une voiture.

Dangers à l'intérieur

Les chats courent quand même certains dangers à l'intérieur. S'ils ne sont pas assez actifs, ils peuvent devenir obèses. Ils peuvent aussi être très malades s'ils mangent des choses qui ne sont pas bonnes pour eux, comme certaines plantes d'intérieur.

Les chats qui restent à l'intérieur vivent souvent une bonne dizaine d'années de plus que ceux qui vont dehors.

Les sorties

Les chats qui vont dehors font beaucoup d'exercice, ce qui peut les aider à rester en santé. Ils risquent toutefois d'attraper des maladies d'autres animaux. Comme propriétaire de ton chaton, une partie de ta tâche consiste à le garder en sécurité. C'est donc à toi de décider s'il sera en sécurité à l'extérieur. Mais ne le laisse jamais dehors toute la nuit!

Si tu le promènes en laisse, ton chaton sera en sécurité à l'extérieur.

Questions de sécurité

Garde ton chaton à l'intérieur si tu réponds « oui » à l'une ou l'autre de ces questions:

- Le climat est-il très froid et très humide là où tu habites?

- Y a-t-il une route très passante près de chez toi?

- Y a-t-il des chiens, des chats ou des animaux sauvages en liberté dans ton quartier?

- Y a-t-il beaucoup d'oiseaux et de nids autour de chez toi?

Chez le vétérinaire

Ton chaton devra faire sa première visite chez le vétérinaire quand il aura environ douze semaines. Il aura besoin de **vaccins**, qui le protégeront contre diverses maladies. Ton vétérinaire te dira ensuite quand tu devras revenir avec ton chaton. C'est aussi une bonne idée de demander au vétérinaire de **stériliser** ton chaton pour qu'il ne puisse pas avoir de bébés plus tard.

L'examen annuel

Quand ton chat sera adulte, tu devras le faire examiner une fois par année. Le vétérinaire vérifiera ses dents, son cœur et d'autres parties de son corps. Ton chat aura peut-être besoin de vaccins chaque année pour rester en santé.

Un chaton en santé

Si ton chaton est malade ou blessé, emmène-le chez le vétérinaire. Ne lui donne jamais des médicaments faits pour les humains ou pour d'autres animaux ! Donne-lui uniquement les médicaments prescrits par ton vétérinaire. Si ton animal est en bonne santé, tu le garderas longtemps.

Les boules de poils

Les chats avalent parfois des poils quand ils lèchent leur fourrure. Il ne faut donc pas t'inquiéter si ton animal vomit des boules de poils. C'est très fréquent. Pour éviter ce problème, brosse ton chat régulièrement.

Demande de l'aide

Tu connais l'apparence et le comportement habituels de ton chaton. S'il présente un des symptômes suivants, il pourrait être malade :

- Il dort plus que d'habitude.
- Il boit beaucoup d'eau.
- Il ne mange pas, ou presque pas.
- Son nez coule, ses yeux coulent ou sont ternes, sa fourrure manque d'éclat.
- Il tousse, éternue ou vomit beaucoup.

Glossaire

allergique Se dit d'une personne qui supporte mal quelque chose, par exemple un aliment ou un animal

croûte Accumulation de sécrétions séchées près des yeux ou du nez d'un chat malade

éleveur Personne qui assure la reproduction, la naissance et le développement des animaux

herbe-aux-chats Herbe qui excite les chats quand ils en mangent ou qu'ils en sentent

langage corporel Type de communication qui consiste à exprimer ses émotions avec différentes parties de son corps

nutriments Substances nécessaires pour grandir et rester en santé

produits laitiers Aliments faits avec du lait ou ses dérivés, comme du fromage ou du yogourt

puces Minuscules insectes piqueurs qui vivent sur la peau de certains animaux

refuge pour animaux Centre où l'on s'occupe des animaux qui n'ont pas de foyer

stériliser Opérer un animal pour qu'il ne soit plus capable de faire des bébés

trait Caractéristique particulière, comme les longs poils ou l'intelligence

vaccin Substance qui protège le corps contre certaines maladies

Index